50 Emotionen

Wolfgang Brenneisen

hat Bücher geschrieben und Ausstellungen gemacht.
Weitere Informationen unter:
https://de.wikipedia.org/wiki/Wolfgang_Brenneisen

Wolfgang Brenneisen

50 Emotionen

Verständlich erklärt
und einfühlsam bebildert

Herstellung und Verlag:
BoD – Books on Demand, Norderstedt
ISBN 9783759706065

Inhalt

Inhalt

Inhalt

Emotionen & Gefühle

Was wäre der Mensch ohne seine Gefühle? Die Antwort ist klar und einfach: Er wäre kein Mensch. Zwar wird er klassifiziert als „Homo sapiens" oder sogar als „Homo sapiens sapiens", um zu unterstreichen, dass Wissen, Intellekt und Verstand seine Sonderstellung im Vergleich zu anderen irdischen Lebewesen begründen. Aber, das hat er selbst mit seiner stupenden Klugheit herausgefunden, ohne die Basis seiner Gefühle wäre das nur die halbe Miete. Seine Verstandesleistungen sind nur möglich mit emotionalem Beistand.

Was hat es nun mit Gefühlen / Emotionen (ich mache da keine begrifflichen Unterschiede) auf sich? Was sind sie? Wie entstehen sie? Wie wirken sie? Das Problem ist: Jeder hat sie, glaubt sie zu kennen – doch wenn man sie dingfest machen will, erweisen sie sich oft als merkwürdig ausweichend und vage. Es gibt einen Kern, der sich einigermaßen klar beschreiben lässt, aber die Ränder sind fließend und entziehen sich einer „objektiven" Festlegung. Man muss mit Beispielen operieren, auf Situationen verweisen, Abgrenzungen vornehmen und hat am Ende doch den Eindruck, dass nicht alles erfasst und gesagt ist.

Zum Glück gibt es Bücher, die bei der Orientierung helfen. Ich bin da auf ein Buch gestoßen, das ich gerne und mit Gewinn gelesen habe: Tiffany Watt Smith, The Book of Human Emotions, London 2015. Die Wirkungsstätte der Autorin ist vertrauenswürdig: Centre for the History of the Emotions at Queen Mary, University of London. 154 seltene und bekannte Gefühle werden, alphabetisch geordnet, in Mini-Essays dargestellt, Beispiele kommen aus allen möglichen Gegenden der Erde. Aus dem deutschen Gefühlsreich stammen immerhin vier, gegen Ende des Alphabets: Ruinenlust, Schadenfreude, Torschlusspanik, Wanderlust. Das ist eine interessante Auswahl, oder nicht? Kann man daraus vielleicht einen Schluss auf die deutsche Gemütsverfassung ziehen?

In ihrer verständlichen und informativen Einleitung zeigt T.W. Smith auf, wie sich die Menschheit, sowie sie zum Bewusstsein erwacht ist, um ein besseres Verständnis ihrer Gefühle bemüht hat, zunehmend mit wissenschaftlicher Ausrichtung. Man erfährt von der biologischen Basis der Emotionen, welche Rolle die Sprache bei der Identifizierung der scheinbar diffusen Phänomene spielt und wie der kulturelle Background die Wahrnehmung lenkt. Um ein markantes Beispiel zu geben: Die Baining in Papua-Neuguinea kennen „Awumbuk", ein Gefühl der Leere, das sich einstellt, wenn (hoffentlich liebe) Gäste gegangen sind. Da sich diese mit möglichst wenig Ballast auf die Reise begeben wollen, hinterlassen sie eine Art Schwere, die wie bedrückender Nebel wirkt. Es hilft, sagen und glauben die Baining, über Nacht eine Schale Wasser aufzustellen, womit die dicke Luft aufgesogen wird. Das ist interessant. Die eine Seite von Awumbuk, die Leere, kenne auch ich, aber das mit dem Wasser war mir neu.

Nachdem ich das Buch zu Ende gelesen und ins Regal gestellt hatte, empfand ich auch eine Art Awumbuk (manche Bücher sind ja wie liebe Gäste). Ich wollte etwas dagegen tun. Zur Schale mit Wasser hatte ich, muss ich gestehen, als Abendländer kein rechtes Vertrauen. Also beschloss ich, selbst ein Buch zu dem Thema zu verfassen. Gemäß meinem Leitsatz: Nichts ist so bedeutend, dass nicht etwas Unbedeutendes hinzugefügt werden kann (wobei auch das Gegenteil gilt), machte ich mich an die Arbeit.

Selbstverständlich will ich nicht die Felder, die T.W. Smith schon beackert hat, erneut bestellen. Aber es gibt noch reichlich Terra incognita. Zwar sind die großen, allgemein bekannten Emotionen (Liebe, Angst, Mut etc.) schon oft abgehandelt worden, aber viele kleinere, spezielle harren noch ihrer Beachtung und Würdigung. Da ist noch einige Aufklärungsarbeit zu leisten.

Eigentlich ist das Forschungsfeld grenzenlos, denn jeder – das ist meine These – hat seine eigenen Gefühle, die sich vermutlich nicht völlig von denen anderer Menschen unterscheiden, jedoch eine ganz individuelle Färbung besitzen. Das lässt sich nicht beweisen, allerdings das Gegenteil (alle fühlen dasselbe) auch nicht, denn niemand kann sich in das Bewusstsein eines anderen hineinversetzen, da wird selbst die Künstliche Intelligenz passen müssen.

Mit diesem Gedanken aber eröffnen sich neue Perspektiven: Jeder kann auf Entdeckungsreise gehen – in das eigene Ich. Man kann wacher sich selbst gegenüber werden und staunen, was im eigenen Inneren los ist. Das ist keine Esoterik, sondern nur eine neu justierte Aufmerksamkeit. Die Beispielsammlung hier kann vielleicht helfen, sich selbst spielerisch-experimentell zu erkunden.

Noch eine Bemerkung zu den Stichworten, die ich verwendet habe. Die Wissenschaft bevorzugt abstrakte Substantive (siehe oben), um Emotionen begrifflich zu erfassen. Schon recht, aber das haut nicht immer hin. Auch T.W. Smith muss gelegentlich nolens volens Zuflucht zu Partizipien in adjektischer Funktion greifen (a bit miffed), da ein eigentlich wünschenswertes Substantiv (miffedness) nicht zur Verfügung steht. Doch woher weiß man denn, dass die Emotionen eine besondere Affinität zu Substantiven haben?

Ich selbst setze dem Ganzen noch die Krone auf, wenn ich ein konkretes Substantiv (Lorbeer, Yo-Yo) zur Benennung einer Emotion verwende. Ganz so willkürlich ist das allerdings nicht, denn Emotionen docken gern an: an Dingen, Situationen, Personen. Da müsste man schon einige Verrenkungen machen, wollte man dafür immer ein exakt treffendes abstraktes Substantiv finden oder neu prägen.

Dem aufmerksamen Leser wird nicht entgehen, dass ich dem ernsten Sujet nicht immer ernst begegne. Aber ich denke, dass in der Frivolität immer auch ein Körnchen Ernst steckt.

Anwachslast

Es gibt Emotionen, die jeder kennt und vor allem fühlt, für die aber das rechte Wort fehlt. Da tut man sich schwer, damit umzugehen. Ich denke da an das lastende, beklemmende Gefühl, etwas aufräumen zu müssen, sei es das Bücherregal, den Aktenwust oder den Abstellkeller (zart besaitete Gemüter denken auch an die unbewältigte Vergangenheit). Da ist was da draußen, aber unglücklicherweise gibt es auch ein Pendant im Inneren, in einer Art Paralleluniversum. Dort ist was und wächst und wächst. Ich nenne es die Anwachslast. Nun ist es raus und benannt, aber damit ist das Problem noch nicht gelöst. Oh, wie soll das alles noch enden?

Aufräumbock

Von der > Anwachslast und ihrer betrüblichen Existenz war eben die Rede. Das ist ein fatales Gefühl mit einer lähmenden Aura von Ausweglosigkeit. Doch gelegentlich steigt aus der Tiefe des Unterbewussten ein ganz anderes, befreiendes Gefühl auf. Schlagartig ist man voller Tatendrang und möchte aufräumen, nichts als aufräumen, nur her damit! Allerdings, sowie man anfangen will, hat sich dieses herrliche Gefühl schon wieder verflüchtigt, und die Anwachslast hockt wieder da wie ein dummer, böser Klotz. Wenn man nur das rechte Wort für die im Inneren schlummernde Kraft hätte, dann wäre viel gewonnen. Man würde dieses Wort aussprechen – und schon wäre man wie geladen mit Energie, die Funken würden nur so aus den Nas- und Ohrlöchern stieben.

In meiner Not und für den Hausgebrauch habe ich mir das Wort „Aufräumbock" zurechtgelegt. Natürlich ist das noch nicht das Gelbe vom Ei, aber selbst mit dieser derben, einfachen Vokabel habe ich schon Erstaunliches erreicht. Ich sage „Aufräumbock" – und gleich erscheint mir die Welt in einem anderen Licht. Ich wähne mich schon auf dem Weg in den Keller, und vor meinem geistigen Auge sehe ich, wie sich das unterirdische Chaos fast schon von alleine in eine klare Ordnung verwandelt, in ein Arrangement von Wohnzimmerqualität.

Doch leider, leider fehlt meinem Zauberwort die Nachhaltigkeit. Nach fünf Minuten lässt der Schwung wieder nach – und nichts ist aufgeräumt worden! „Aufräumbock" kann also nur der Vorläufer eines noch schöneren Wortes sein, auf das wir alle sehnsüchtig warten.

Bauchgefühl

Das Bauchgefühl macht sich meist in den mittleren Jahren bemerkbar. Bis dahin hatte man den Bauch nicht groß beachtet – plötzlich wird man seiner gewahr: als Wölbung, Schmerbauch oder gar Wanst. Die einen mögen das neue Gefühl gar nicht, sie schämen sich. Andere dagegen werten den markanten Bauch als Beweis, dass man es zu etwas gebracht hat und sich keine Sorgen mehr machen muss. Das Bauchgefühl ist also auch Kopfsache und hat somit durchaus eine intellektuelle Dimension.

Behördenbammel

Ein ungutes Gefühl, das aufsteigt, wenn man bei einer Behörde vorstellig werden muss. Die Sachbearbeiter sind ja durch die Bank liebe Menschen, aber aufgrund der bürokratischen Bestimmungen sind ihnen oft die Hände gebunden. Dadurch ergeben sich regelmäßig undurchsichtige, den Bittsteller verwirrende Handlungsabläufe, die viel Zeit in Anspruch nehmen. Doch jetzt soll ja alles besser werden. Wenn das neue Bürokratieabbaugesetz erst mal greift, ist es mit dem Behördenbammel ein für alle Mal vorbei. Sicherlich stellt sich dann eine große > Vorfreude ein, wenn wieder einmal ein Behördengang ansteht.

Berühmtsein

Ein tolles Gefühl! Wer möchte nicht berühmt sein, im Fernsehen auftreten und so bei allen Nachbarn und Bekannten Neid hervorrufen? Leider schaffen es nur die wenigsten bis zur Berühmtheit. Der Künstler Andy Warhol hatte da eine interessante Idee: Berühmt sein für eine Viertelstunde! Das wäre doch was für solche Nieten wie Sie und mich, oder nicht? Wie das konkret funktionieren soll, weiß man nicht so genau. Vielleicht steht was in Warhols Nachlass. Wahrscheinlich braucht man die Hilfe von Google, Facebook oder TikTok.

Angenommen, das klappt. Die Frage ist dann: Wie geht es weiter? Berühmt gewesen sein für fünfzehn Minuten ist ja ganz nett, aber es ist zu befürchten, dass man sich hinterher noch bedeutungsloser fühlt. Wie der letzte Arsch…

Sie -
Sie -

Blockade

Ein dummes, ärgerliches Gefühl. Besonders ärgerlich, wenn einem in einer angespannten Situation nicht das richtige Wort einfallen will. Um ein Beispiel zu geben: In einer hitzigen Auseinandersetzung mit einer unsympathischen Person steht man auf der Leitung und kommt einfach nicht auf das treffende Wort, das in dem Diskurs wie ein Befreiungsschlag gewirkt hätte. Hinterher fällt der Groschen. Man hätte sagen sollen: „Sie Arschloch, Sie!" - und man wäre als K.o.-Sieger aus dem Ring gestiegen. Zu spät, zu spät! Man könnte sich die Haare raufen!

Chaosphilie

Ein merkwürdiges Wort, eine merkwürdige Sache, ein merkwürdiges Gefühl. Während Menschen wie du und ich bestrebt sind, Kontrolle in unser Leben zu bringen, suchen andere ihr Glück im Kuddelmuddel. Wenn es drunter und drüber geht, wenn man nicht weiß, ob man Männlein oder Weiblein ist, wenn man sich einschifft, um mit Eisbergen zu kollidieren – dann ist's gut. Das verstehe, wer will! Andererseits, wenn man nichts kontrollieren kann, ist man für nichts verantwortlich und kann sich treiben lassen, wohin Wind und Wellen einen tragen.

Ich muss gestehen, dass so etwas auch seinen Reiz haben kann. An einem besonderen Ort gebe auch ich mich der Chaosphilie hin: im Whirlpool. Wenn im warmen Wasser die Luftblasen an den Beinen, am Rumpf, an den Armen hochsteigen, schließe ich die Augen und fühle mich selbst wie eine große, verantwortungslose Luftblase, die der kosmische Wind durch die Tiefen des Alls wirbelt. Der Streik der Lokomotivführer, das Schweigen des Kanzlers, die Sturheit des Papstes – das alles ist mir so was von wurscht! Andererseits: Ich bin ja keine Luftblase, sondern ein Mensch, wenn auch nur ein mit einer Badehose bekleideter oder gar nackter. Also steige ich wieder aus dem Whirlpool, weise das süße Gift der Chaosphilie entschieden von mir – und fange wieder an, mich zu ärgern.

Demo

Die Demo ist ein gesellschaftliches Ereignis, aber auch ein daraus resultierendes Gefühl. Das heißt eine elektrisierende, geradedzu aufputschende Kraft, die einigen Pep in den grauen Alltag bringt. Halten wir uns an die Fakten. Bei einer Demo wird für oder gegen etwas demonstriert. Lautstark und mit rollenden Augen. Und mit bewährten Hilfsmitteln wie Trillerpfeifen und Plakaten. Was auf dem Plakat steht, ist eigentlich nicht so wichtig, heute ist es dies, morgen das. Die innovative Demo-Industrie bietet neuerdings praktische LED-Plakate an, auf denen die jeweils aktuellen Slogans ruckzuck figuriert werden können. So viel zum Technischen.

Entscheidend ist hier in unserem Zusammenhang die emotionale Seite. Das Demo-Gefühl ist einfach megageil. Man hat ein Anliegen, man weiß sich auf der richtigen Seite, hat ein klares, wohlbegründetes Feindbild und weiß, was man heute zu tun hat. Man rollt mit den Augen, ballt die Faust und skandiert den aktuellen Slogan. Da steigt im Inneren etwas Großes, Schönes, Berauschendes auf: das herrliche Demo-Gefühl.

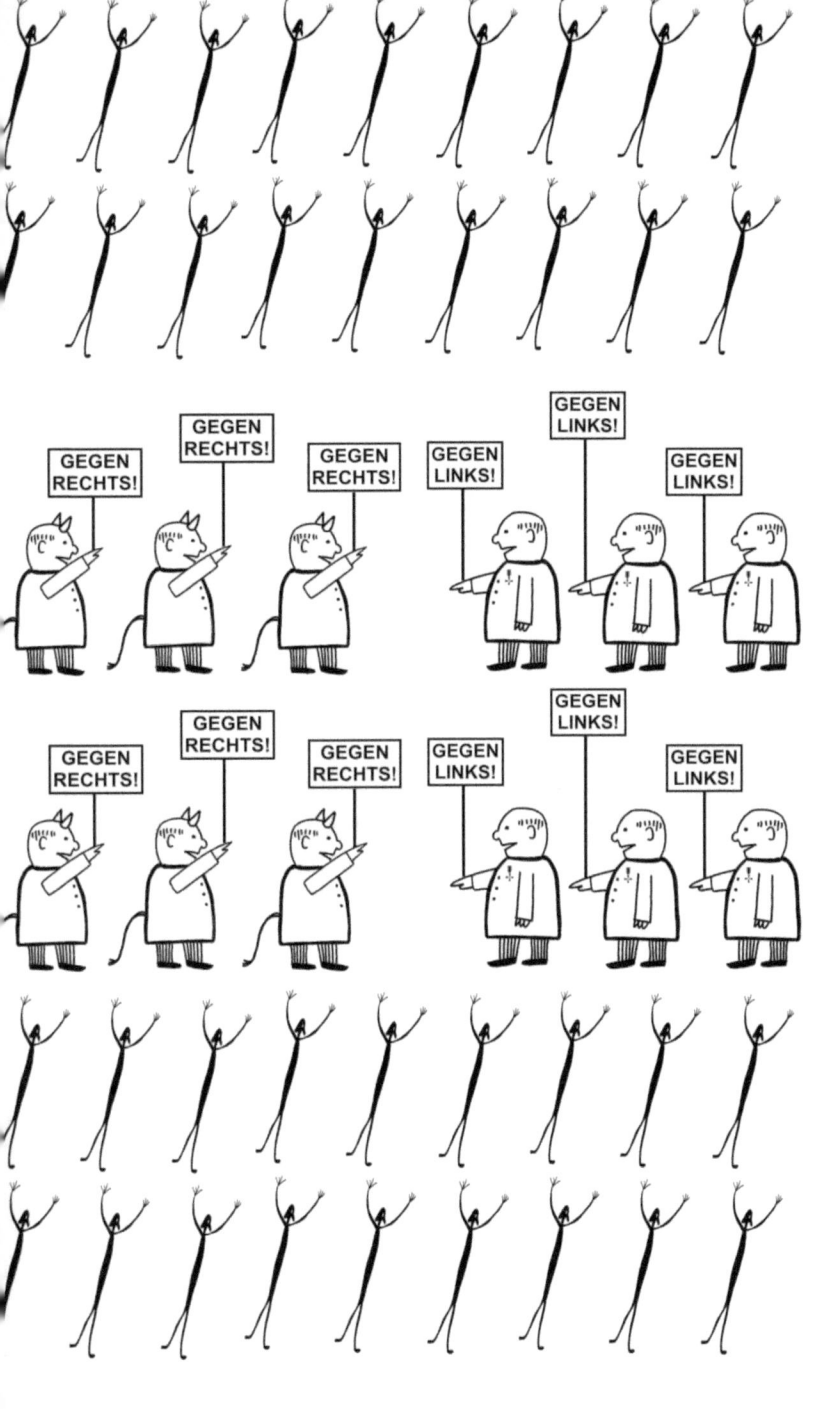

Einmachglück

Das Einmachglück erlebt die Hausfrau zweimal: Zuerst, wenn die Beeren erfolgreich mit viel Zucker zu Marmelade („Fruchtaufstrich" im korrekten Bürokratenjargon) verkocht und anschließend luft-, erdbeben- und atomsicher im so genannten Weckglas konserviert werden. Und ein zweites Mal, wenn später das Glas geöffnet, das Eingemachte von den kritischen Konsumenten (Ehemann, Kinder) geprüft und für essbar erklärt wird. Ein positives Urteil ist nicht von vornherein garantiert (zu viel Zucker, zu wenig, zu viel Früchte, zu wenig, zu flüssig, zu fest, langweilig, irgendwie komisch usw. usw.). Wenn aber ein zustimmender Bescheid erfolgt (man kann's essen), erfüllt sich das hausfrauliche Herz mit sekundärem Einmachglück.

Im weiteren Sinne gibt es das Einmachglück auch anderswo, wenn ein Projekt auf den Weg gebracht, realisiert und später von den Konsumenten begeistert angenommen wird. Im politischen Bereich denke ich da an die große Rentenreform von Norbert Blüm in den 1980er-Jahren.

Mit Liebe

Von Norbert

Die Rente
ist sicher.

Eselstolz

Das Image des Esels bei uns Menschen (beide Säugetiere) ist ja nicht so doll. Er gilt als dumm, jedoch gut geeignet für schwere, stumpfsinnige Arbeit, die sich der Mensch nicht zumuten will. Diese Beurteilung ist sicher ungerecht. Tauschen wir einmal in Gedanken die Rollen: der Esel als Herr, der Mensch als sein Sklave – da würde der Letztere auch keine gute Figur abgeben. Nun sind die Dinge, wie sie sind. Dennoch lässt der verachtete Esel nicht alles mit sich anstellen – er gilt dann als störrisch. Das kann man aber auch anders deuten. Im Inneren hat er ungeachtet aller Demütigungen seine Würde bewahrt. Das ist sein Eselstolz, den wir Menschen nicht gering achten sollten. Und es gibt Menschen, denen es kaum besser geht als dem Esel. Auch sie haben tief innen eine Würde, auf die sie stolz sind.

Frittfraß

Das Glücksgefühl, das sich beim unbegrenzten Verzehr von Pommes einstellt. Nicht jeder wird bei dieser Tätigkeit glücklich, ja bei besonders unglücklich Veranlagten macht sich ein Brechreiz bemerkbar, wahrscheinlich, weil ihnen ein spezifisches Glücksgen fehlt. Normale Menschen dagegen können essen und essen und denken nicht ans Aufhören. Allerdings wird bei ihnen das Glücksgefühl über die Stunden schwächer. Da hilft es, wenn man sich vorstellt, mit einer besonderen Leistung könne man es ins Guinness-Buch der Rekorde schaffen, das gibt wieder einen Push. Eine kleine Warnung muss hier jedoch ausgesprochen werden: Der leidenschaftliche Pommesesser F. in K. hatte sich und seine Kapazität überschätzt. Folge: Exitus. Todesursache: Frittfraß. Diese an sich sehr schöne Emotion hat also leider eine Kehrseite. Der normale Pommesesser wird sich aber davon nicht ins Bockshorn jagen lassen. Er sagt: Ach was! und frisst einfach weiter. Seine Vorstellung vom Paradies (wenn man es dorthin schafft) ist: eine Frittenbude nach der anderen, am Öltopf stehen freundliche, pummlige Engel...

Die Rente
ist sicher.

Geradenochso

Bei diesem Begriff denkt man an einen Menschen, der sich schwimmend gerade noch so über Wasser hält. Aber ein Schüler, der gerade noch so die Versetzung schafft, oder ein Rentner, der finanziell gerade noch so über die Runden kommt, fühlen sich ähnlich. Das Geradenochso ist ein blödes Gefühl, und es ist nur ein Segen, dass es immer wieder von anderen, freundlichen Gefühlen verdrängt wird. Zum Glück gibt es ein probates Gegenmittel: beim Lotto sechs Richtige tippen. Wenn sich allerdings ein ganzes Land gerade noch so durchwurstelt, hilft auch das nicht mehr. Generell ist das ein Gefühl wie kurz vor dem Durchfall…

Grollz

Der Grollz stellt sich ein, wenn man in seinem Stolz verletzt worden ist und deswegen Groll empfindet. Das ist eine heikle Sache, denn selbst wenn es sich um eine Petitesse handelt und man sich sagt: Die Aufregung lohnt sich nicht – ein Stachel bleibt zurück. Der Grollz hockt wie eine missmutige Kröte tief unten im Brunnen des Unterbewusstseins und ist mildernder Argumentation unzugänglich. Wunderbarerweise löst sich das Problem, wenn der Urheber und Auslöser des Grollzes selbst gehörig eins aufs Dach bekommt. Mit Schadenfreude wird der Grollz wieder versöhnlich gestimmt, das heißt, er verkriecht sich unter seinem Stein, und man vergisst ihn. Bis zum nächsten Mal.

Grundlos

Das Grundlos ist ein merkwürdiges Gefühl. Plötzlich ist es da, aus heiterem Himmel sozusagen – und dann ist es wieder weg, ohne erkennbaren Grund. Zur Veranschaulichung: Man lebt so dahin, mehr schlecht als recht (oder auch umgekehrt), die Tage verrinnen wie Kinderpipi – und plötzlich ist alles anders, strahlend freundlich, als hätte die Sonne eine dicke Wolkendecke hinweggefegt. Auf einmal verspürt man eine ungeheure innere Dynamik, einen unheimlichen Tatendrang, alles erscheint möglich und in Reichweite. Was tun? Was anpacken? In dieser günstigen Konstellation empfehle ich, die immer wieder verschobene Steuererklärung in Angriff zu nehmen, damit die leidige Sache endlich vom Tisch ist.

Das Grundlos ist verwandt mit dem > Aufräumbock, umfasst jedoch ein viel breiteres Spektrum, ja eigentlich alles. Es kann zum Beispiel sein, dass Sie urplötzlich, vom Grundlos wie elektrisiert, in Liebe zu Ihrer Nachbarin entbrennen, die Sie bis dato für eine graue Maus gehalten haben. Da eröffnen sich völlig neue Perspektiven!

Leider, leider ist das Grundlos janusköpfig. Es geht Ihnen gut, alles läuft prima – und mit einem Schlag erscheint alles scheiße. Grundlos. Da heißt es: einfach abwarten und Tee (Bier, Schnaps) trinken, bis zum Abwinken oder bis zum Gehtnichtmehr. Irgendwann erfolgt der Umschwung. Tja, so vergeht das Leben...

Hinterhertrott

Das wohlige Gefühl, wenn man einfach hinter jemandem hertrotten kann, der weiß, was er tut und wohin die Reise geht. Dieser Modus hat enorme Vorteile. Man muss nichts denken, sich nichts vornehmen, keine Entscheidungen treffen. Man muss nur einen Fuß vor den anderen setzen. Es ist die Bequemlichkeit und Sorglosigkeit wie in einem Schlafwagen – der Lokomotivführer nimmt einem alles ab. Das Leben reduziert sich auf ein bloßes Vegetieren mit Wohlfühlfaktor. Der Dichter Gottfried Benn spricht von „einem Klümpchen Schleim in einem warmen Moor" – ah, das tut gut!

Wie funktioniert der Hinterhertrott? Vorne ist der Führungs- oder Obertrottel, der eigentlich auch nichts weiß, aber so tut als ob, und ihm folgen die einfachen Trottel wie du und ich. Lange geht das gut, doch wie wir von den Lemmingen wissen, kann sich der Obertrottel auch mal vertun. Er steuert auf einen Abgrund zu, plumpst hinunter – und alle ihm folgenden Trottel mit. Was sich dabei in den Köpfen der Mittrottel abspielt, wissen wir nicht, aber vermutlich sind die meisten mit der Entwicklung zufrieden – ex und hopp, und insgesamt war es doch ein nettes, trottliges Leben gewesen.

Ich

Ich eine Emotion? Na, na. Das Ich ist doch das Gefäß, die Mutter aller Emotionen. Das stimmt natürlich, dennoch gibt es ein besonderes Derivat: Wenn der Mensch nach innen schaut, den Blick auf sein Ich richtet und sich sagt: Was bin ich doch für ein toller Kerl! Ein Super-Girl! Das ist ein großartiges Gefühl, in dem man sich geradezu sonnen und suhlen kann. Ob es den Tatsachen entspricht, ist dabei sekundär.

Zwangsläufig gibt es Kollisionen mit der rauen Wirklichkeit, wenn Mitmenschen anderer Meinung sind. Dann wird das schöne Selbstbewusstsein etwas angekratzt. Doch in dieser Situation gibt es ein wirkungsvolles Mantram. Man sagt sich: Ich bin der Größte. Und das dreimal. Dann ist alles wieder im Lot.

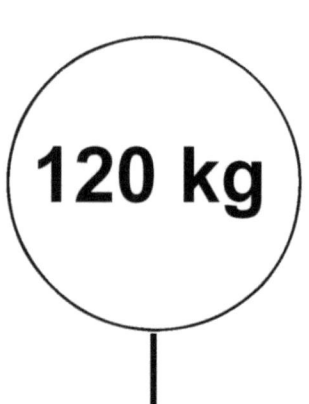

Idealgewicht

Natürlich ist das Idealgewicht keine Emotion, es kann aber eine solche bewirken. Nehmen wir an, Sie neigen aufgrund Ihrer Vorlieben und Ihrer Lebensweise zu Übergewicht oder sogar zu Adipositas. Dann ist es ein ganz tolles Gefühl, wenn Sie die Waage besteigen und eine sympathische weibliche Stimme (es ist ein modernes Gerät) flötet: „Gratulation! Du hast Idealgewicht! Dein Body-Mass-Index ist eindeutig im grünen Bereich!" Dann würden Sie am liebsten die ganze Welt umarmen, oder nicht? Leider kann es auch sein, dass sich die KI Ihrer menschenfreundlichen Waage vertan hat. Wenn es Ihnen dann dämmert, dass Sie kein einziges Gramm verloren haben, ist das ein ganz beschissenes Gefühl, das wir hier nicht näher beschreiben wollen.

Juchhe! Juchhe!

Juchhe!

Ein Ausdruck der Freude, aber mehr als das: ein Zauberwort. Denn wenn Sie in rabenschwarzer Stimmung sind und dreimal juchhe! rufen – was geschieht dann? Nun, das ist unterschiedlich. Die einen können mit solchen Albernheiten nichts anfangen und werden noch missgelaunter. Andere reagieren quasi neutral, das heißt, ihre Befindlichkeit ist plusminusnull dieselbe. Bei den Aufgeweckten aber (wie Sie und ich) wirkt der Wortzauber: Ein Gefühl der Freude, der Ausgelassenheit, des Überschwangs breitet sich aus. Juchhe!

Wie aber schon der Philosoph Aristoteles sagte: Alles mit Maßen. Wer jeden seiner Sätze mit einem juchhe! abschließt, profiliert sich nicht als frohgesinnter Lebenskünstler, sondern landet in der Klapsmühle.

Kochlust

Das ist der zusammenfassende Begriff für die vielfältigen Emotionen, die mit dem Kochen verbunden sind. Dabei ist klar, dass man für diese Tätigkeit Zeit haben muss, wenn positive Gefühle aufkommen sollen. Wenn dem so ist, stellt das Kochen einen komplexen Vorgang dar, der mit viel > Vorfreude verbunden ist. Schon das Beschaffen der „Zutaten" kann reizvoll sein (exotische Gewürze, die nur mit großer Findigkeit aufzutreiben sind). Welche lustvollen Erlebnisse sich beim innovativen Kochen einstellen, muss hier nicht detailliert aufgeführt werden, die kennt jeder, der sich auf das Abenteuer einlässt. Das genießerische, kennerhafte Abschmecken und das assistierende Weinsüffeln spielen eine besondere Rolle. Wenn die Zubereitung jedoch katastrophal misslingt (beispielsweise durch die impulsive Zugabe eines fatalen Gewürzes im letzten Moment), können sich noch ganz andere Gefühle einstellen, deren Beschreibung wir uns hier verkneifen wollen, um nicht das Lesevergnügen zu beeinträchtigen.

Kuckucksfreude

Die Freude, die man empfindet, wenn man im Frühjahr zum ersten Mal den Kuckuck hört. Ach, ist das schön! Am liebsten möchte man auch etwas Kongeniales singen und dazu auf der nicht eingezäunten Wiese tanzen. Dabei wird das Erlebnis immer seltener wg. Klimakatastrophe. Bald gibt es nur noch Kuckucksuhren. Die sind eigentlich auch sehr schön, und der Sound ist meist besser und natürlicher. Aber Reality ist doch noch ganz was anderes, oder nicht?

Kuckuck!
Kuckuck!
Kuckuck!

Kuschelwärme

Ein sehr schönes Gefühl. Wenn man sich an ein Warmes, Weiches kuschelt, möchte man, dass das nie aufhört. Das kann ein Schaf sein oder eine Bettdecke oder die Liebste, die ja alles in sich vereint. Aber es ist klar, dass man es nicht immer so gemütlich haben kann. Der Mann muss hinaus in das feindliche Leben, wie der Dichter Schiller streng vermerkte. Neuerdings jedoch verlangt die Gendergerechtigkeit, dass auch die Frau da hinaus muss. Befinden wir uns, Klimawandel hin oder her, in einer emotionalem Eiszeit? Schwer zu sagen. Wie auch immer, man wird ja wieder aus der Feindlichkeit zurückkehren zum Schaf, zur Bettdecke, zur Liebsten. Schon dieser Gedanke lässt in unserem Inneren ein schönes Gefühl aufsteigen: die Kuschelwärme.

Langeweile

Langeweile, wie wir sie kennen, soll eine Erfindung der Neuzeit sein, ein Folgeprodukt der Erfindung „Freizeit". Früher hatten die Menschen andere Sorgen. Aber jetzt ist sie da und ein großes Problem, das mit immer neuen Strategien bekämpft werden muss. Die ultimative Antwort ist das Smartphone: Es gibt immer was zu gucken, zu wischen und zu fummeln. Der Grundgedanke ist: Es darf keine Leere im Gehirn entstehen! Allerdings scheint das Verfahren kontraproduktiv zu sein, denn offensichtlich vermehrt das Smartphone die Leere...

Lorbeer

Lorbeer ist eine Pflanze und ein Gewürz (das zum Beispiel dem Schweinebraten einen besonderen Pfiff verleiht), aber auch eine Emotion. Sie hat in dem Ausdruck „sich auf seinen Lorbeeren ausruhen" sprachliche Gestalt angenommen. Zugrunde liegt ein Brauch bei den alten Römern, einen Feldherren, der im Ausland ordentliche Leistungen erbracht hatte, dadurch auszuzeichnen, dass man ihm einen Lorbeerkranz aufs Haupt setzte. Seufz! Das waren noch goldene Zeiten! Heute muss man selber für die Auszeichnung sorgen. Um ein Beispiel zu geben: Der Mann hat nach vielen Appellen und Ermahnungen endlich das Blumenbeet umgegraben. Anstrengend, aber nach Beendigung dieser Herkules-Arbeit stellen sich Zufriedenheit und berechtigter Stolz ein. Ob auch das längst fällige Schneiden der Büsche möglich wäre, erkundigt sich die Gattin vorsichtig. Nee, nee, jetzt will sich der Mann erst mal auf seinen Lorbeeren ausruhen und ein Bier trinken. Das ist eine rundum angenehme, schöne Emotion, die man in vollen Zügen und zu Recht genießen kann. Als Fehlentwicklung muss man jedoch werten, wenn der Mann auch eine unbedeutende Tätigkeit, wie den Mülleimer zur Straße zu rollen, als Anlass sieht, sich auf seinen Lorbeeren auszuruhen.

mmh!

Ein Grunzlaut, dem der sprachschöpferische Geist eine Schrift-
gestalt und, laut Duden, zwei Bedeutungen untergejubelt hat: 1.
Es schmeckt mir. 2. Ich weiß nicht recht (Nachdenklichkeit,
Bedenken). Diese postulierte Zusammenlegung stimmt nicht
ganz, denn je nach Bedeutung ist die Aussprache unterschiedlich, und im zweiten Fall wäre die Schreibweise „hm" eher an-
gezeigt. Andererseits ist wohl kaum eine exakte, „objektive",
alle überzeugende Wiedergabe von Grunzlauten möglich.

Wir konzentrieren uns hier auf die erste Bedeutung. Spontan
fällt uns gebildeten Menschen die Fernsehjournalistin Tamina
Kallert und ihre Reisesendung „Wunderschön" ein. Wo immer
sie auch weilt, ihr wird mit schöner Regelmäßigkeit etwas zu
essen oder zu trinken angeboten, und ihr Kommentar ist ebenso
regelmäßig „lecker" oder eben „mmh".

Das führt uns zu der Frage: Ist „mmh" überhaupt eine Emotion? Oder nur ein biologisches, physiologisches Phänomen?
Nun, die Wissenschaft hat uns belehrt, dass man Körper und
Geist nicht exakt trennen kann. Als Beweis sei hier ein Gedicht
eines leider (noch) verkannten Dichters aufgeführt, das zeigt,
dass eine scheinbar nur körperliche Empfindung durchaus in
geistige Höhen, also in den Bereich der beachtenswerten Emotionen führen kann.

Wie der Dichter
ein Pizza-Gedicht schrieb

Als sich der Dichter
über die Pizza hermachte,
nahm er
das Wort Tomatenscheibe
für die Tomatenscheiben
das Wort Wursträdchen
für die Wursträdchen
und das Wort Kruste
für die Knusperkruste.
Mit dem Ergebnis
war er zufrieden.
Er verkaufte das Produkt
an einen Pizzabäcker
und erhielt als Honorar
na klar
eine Pizza.

Neugier

Neugier ist ein wichtige Emotion in der Menschheitsgeschichte. Wäre der Mensch nicht immer neugierig gewesen, gäbe es heute kein T-Shirt, kein Smartphone und keine Atombombe – undenkbar! Aber wie der Philosoph Aristoteles (ein wahrhaftig neugieriger Mensch, der bestrebt war, den Dingen auf den Grund zu gehen) betonte: Es kommt auf das rechte Maß an. Man muss nicht immer seine Nase und seinen Kopf in alles stecken, um sein Wissen zu vermehren. Gelegentlich sollte man die geistige Größe aufbringen, sich mit dem Erforschten und Erreichten zu begnügen und partiell dumm zu bleiben.

Wozu das wohl gut ist?

Obenauf

Der Obenauf ist das Gegenstück zum > Geradenochso. Ein Mensch, der in sich den Obenauf verspürt, ist zu dieser Zeit optimistisch und traut sich alles zu. Das englische Pendant ist „on top of the world". Nehmen wir an, Ihre Firma möchte sich in China etablieren und sucht einen charismatischen Macher, der das bewerkstelligt. Just in dieser Zeit sind sie randvoll erfüllt mit Obenauf und präsentieren sich als die Persönlichkeit, die alles auf die Reihe bringen wird. Zwar können Sie kein Wort Chinesisch, und Beijing ist für Sie quasi ein böhmisches Dorf. Aber was soll's, es gibt viel zu tun – Sie packen es an. Zwar kommt es, wie es kommen muss: Das Projekt scheitert, und mit Ihrem Obenauf ist es rein vorbei. Trotz allem war es eine schöne Zeit mit Obenauf als einem frohgemuten, wenn auch trügerischen Begleiter. Und wie Sie sich kennen, erscheint nach einer Zeit der Krise wieder – na wer schon? Der Obenauf...

愚蠢的長鼻子

中國

Guten Tach!

Partymüdigkeit

Es war eine tolle Party, eine Bombenstimmung, nette Menschen, Getränke für jeden Geschmack, coole Musik – alles o.k. Aber dann lässt es nach, es wird schleichend fade, und man wünscht sich, man wäre woanders. Oder auch ein anderer. Mozart oder Einstein. Oder Elon Musk. Etwas Wehmut mischt sich in die Erschlaffung. Ein Bedauern, dass das Leben keine immerwährende Party ist mit nie erlahmender Euphorie...

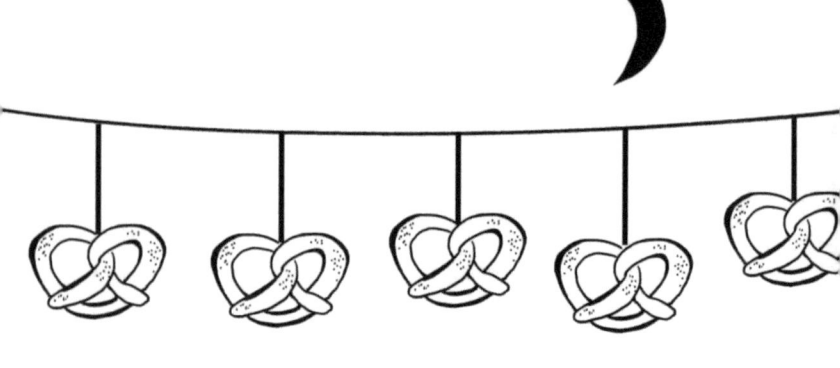

Pobehagen ('po-be-'ha-gen)

Den Begriff wird nicht jeder kennen, das Gefühl aber schon: das Behagen, das entsteht, wenn dem Po (Gesäß) ein bequeme Sitzgelegenheit zur Verfügung gestellt wird. Man mag dieses Gefühl zu den niederen Emotionen rechnen, aber Obacht: im Gefühlsbereich gelten andere Wertigkeiten, und es gibt auch weitreichende Verbindungen. Wenn es der Po gemütlich hat, profitiert der ganze Mensch davon. Es steigt ein schönes Vertrauen in die eigene Solidität auf. Als Politiker etwa ist unter diesen günstigen Umständen ein unerschütterliches Aussitzen auch der dringendsten Probleme nicht nur möglich, sondern sozusagen der Grundmodus.

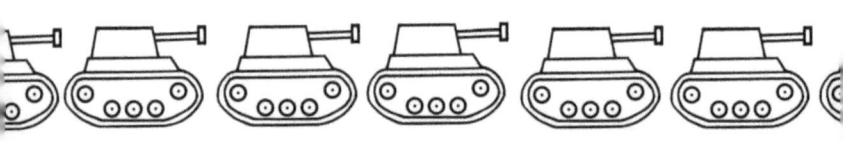

Prahlen

Mit dem Prahlen ist das so eine Sache – es kommt darauf an, wer prahlt. Wenn ein anderer prahlt, wird das meist als unangenehm empfunden (übler Prahlhans). Umgekehrt, wenn man selbst prahlt – dann ist das gar kein Prahlen, sondern lediglich die objektive Darstellung der eigenen Leistung. Da kann man ja schon mal ins Schwärmen kommen, oder nicht? Sich sonnen im Glanz der eigenen Heldentaten, das tut gut…

Do you speak
Duckish?

Quaklust

Die Quaklust ist besonders bei Enten verbreitet. Wie sich die Ente dabei fühlt, wissen wir nicht, doch wahrscheinlich ist es ein positiv besetztes Gefühl – sonst würden die Enten nicht so viel quaken, oder nicht? Nun gibt es die Quaklust aber auch bei Menschen, und da können wir besser forschen. Für nicht wenige ist sie einfach köstlich, denn die Leutchen quaken von morgens bis abends (manche sogar im Schlaf), können davon nicht genug kriegen und stellen die Enten weit in den Schatten, die auch mal den Schnabel halten. Bei zartbesaiteten Zeitgenossen kommt das unaufhörliche Quaken allerdings nicht so gut an (ihre Reaktion: Ärger, Wut). Sie würden dem penetrant Quakenden am liebsten den Hals umdrehen. Nach dem (menschlichen) Gesetz ist das aber nur bei Enten gestattet.

Rivalität

Ist sie jetzt gut oder schlecht, die Rivalität? Ist sie „natürlich", tief verankert in der menschlichen Natur? Gilt „Survival of the fittest"? Haben wir im Grunde einen „Krieg aller gegen alle", wie Thomas Hobbes im 17. Jahrhundert analysierte? Das sind ja schöne Aussichten! Entwarnung – im Alltag ist es meist harmloser, als es die Theoretiker darstellen.

Nehmen wir ein klassisches Beispiel: Zwei Männer A und B buhlen um die Gunst einer schönen Frau C und tun das mit harten Bandagen. A gewinnt, und B hat das Nachsehen. A ehelicht Frau A, geborene C. Wird nun B. wg. Liebeskummer, Enttäuschung und gekränkter Ehre seinem Leben ein Ende setzen? Das wäre voreilig, denn C. erweist sich als wahre Xanthippe, die ihrem Ehemann das Leben zur Hölle macht. B hingegen nimmt sich D zur Frau, zufälligerweise ganz ohne Rivalen, und die beiden führen 60 Jahre lang eine glückliche Ehe.

Oder es kommt so: Die beiden Herren begraben das Kriegsbeil und führen mit C eine interessante Ehe zu dritt. Oder es stellt sich heraus (wir sind ja im 21. Jahrhundert), dass A und B eigentlich auch Frauen sind (bei B muss man ein bisschen nachhelfen), sodass aus dem anfänglichen Kuddelmuddel eine streitbare feministische Wohngemeinschaft erwächst, die der noch dominierenden Männerherrschaft den Kampf ansagt.

Fazit: Etwas Rivalität schadet der Menschheit nicht. Sie bringt immerhin etwas Pep in den Alltag. Und es wird nicht so heiß gegessen, wie gekocht wird.

Schirmschutz

Das wohlige Gefühl, wenn man einen Schirm über sein Haupt hält und dem aggressiven Regen (im Englischen: cats and dogs) ein Schnippchen schlägt. In dieser Situation ergeben sich zuweilen interessante Gelegenheiten. Man kann einer Dame, die vom Regen überrascht wurde und der trommelnden Nässe schutzlos ausgeliefert ist, Unterschlupf gewähren. Nicht selten führt diese zufällige Annäherung zu Bekanntschaft, Liebe und Eheschließung. Die alten Römer verehrten sogar einen Gott des Schirmschutzes, der auf Münzen mit einem Regenschirm dargestellt wurde, natürlich in einer antiken, uns etwas klobig erscheinenden Vorform.

Andererseits sollte man diesem schönen Gefühl nicht zu sehr vertrauen. Manche sind der fatalen Ansicht, sie seien unter den Fittichen des Schirmschutzes auch vor Blitzen, herabfallenden Ästen, ja sogar landenden Aliens geschützt. Warnung! Manche Gefühle können einen auch in die Irre führen! Und wie!

Seifenblasen

Gefühle, so luftig sie auch erscheinen mögen, sind keine Seifenblasen. Doch Seifenblasen können zu Gefühlen verhelfen. Wenn man so dasitzt und mit seinem Pustefix eine Seifenblase nach der anderen in den Himmel schweben lässt, wird einem ganz anders. Man schaut ihnen nach, und man fühlt sich im Inneren so leicht. Es ist wie im Traum, wenn die Konturen verschwimmen und die Räume zerfließen. „Alle Ängste, alle Sorgen", wie der Chansonier Reinhard Mey singend den Nagel auf den Kopf getroffen hat, bleiben zurück, versinken und lösen sich auf. Zumindest in diesen glücklichen Augenblicken.

Seltsamie

Das merkwürdige, geheimnisvolle, auch beunruhigende Gefühl, wenn man allein durch den Nebel geht. Der Dichter Hermann Hesse hat es in seinem berühmten Gedicht dargestellt:

> Seltsam, im Nebel zu wandern!
> Einsam ist jeder Busch und Stein.
> Kein Mensch sieht den andern,
> Jeder ist allein.

Das ist gut und treffend formuliert, und jeder kann das Gefühl nachvollziehen oder auch andeutungsweise erzeugen, selbst wenn er sich in einer gut ausgeleuchteten Stube befindet. Die interessante Frage ist nun: Wie steht es mit Busch und Stein? Ist ihre Sicht ebenfalls behindert? Und vor allem: Verspüren sie in ihrem Innern auch diese magische Stimmung, selbst wenn sie nicht wandern? Die Forschung steht bei diesen Fragen erst am Anfang, ja man kann sagen, man weiß eigentlich nichts über das Innenleben von Büschen und Steinen.

Varianten der Seltsamie gibt es ebenfalls in ganz anderen Bereichen. Bei mir steigt sie unweigerlich beim Anhören einer längeren Predigt auf. Aber auch, wenn der Herr Bundespräsident im Fernsehen seine Weihnachtsansprache hält oder der

Herr Bundeskanzler seine Neujahrsrede, breitet sich in meinem Inneren Seltsamie aus. Das kann allerdings eine persönliche Marotte oder intellektuelle Schwäche sein, denn meinen Bekannten ist diesbezüglich immer alles sonnenklar.

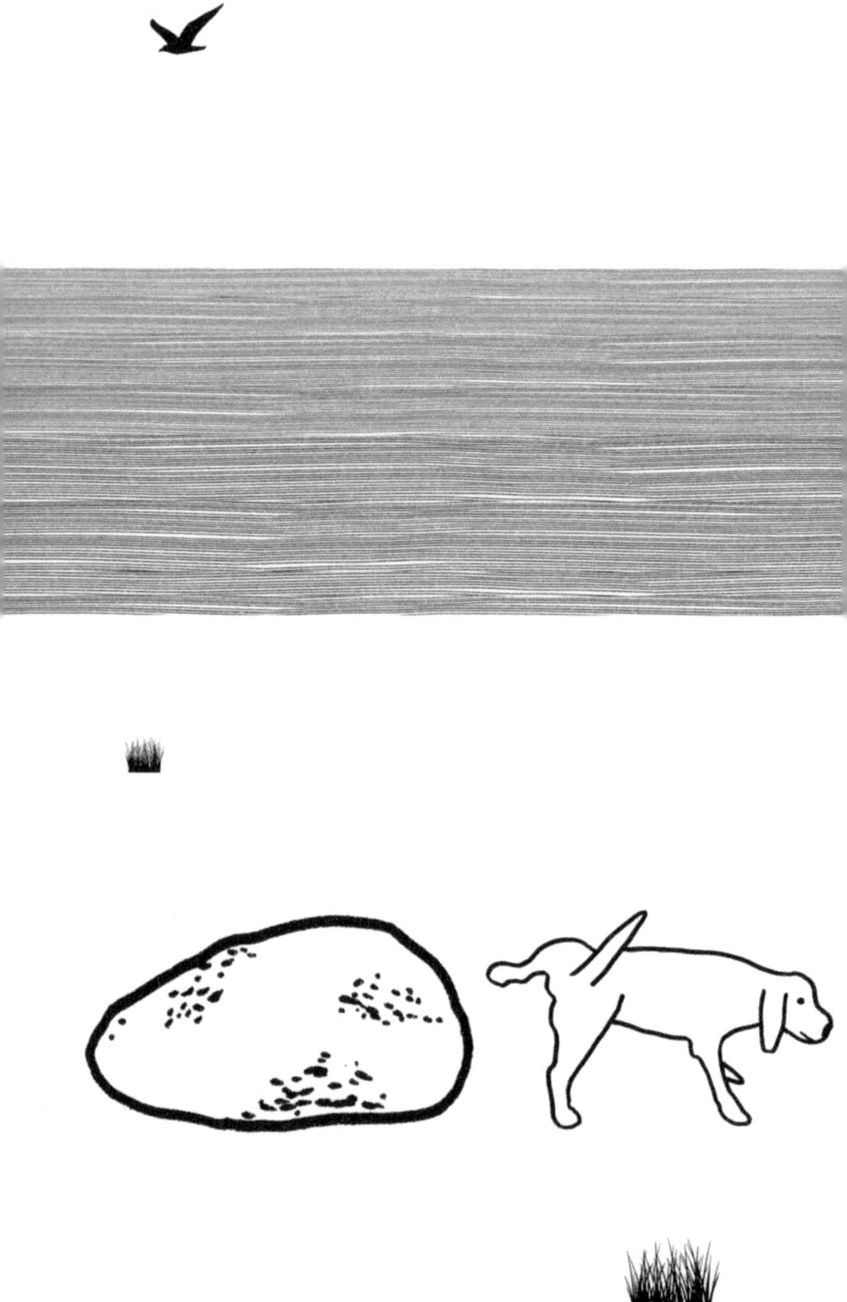

Steinzufriedenheit

Stein sollte man sein. Wie er daliegt und mit sich zufrieden ist, ob es stürmt oder regnet oder die Sonne auf ihn prallt. Beneidenswert. Doch zu einer solchen Zufriedenheit ist auch der Mensch fähig. Dazu braucht es keine besonderen Fähigkeiten, keine spezielle Begabung. Einfach dahocken und das Weltgeschehen an sich vorübersausen lassen – das kann jeder. Manche nennen es Weisheit und stellen sich so das Nirvana vor.

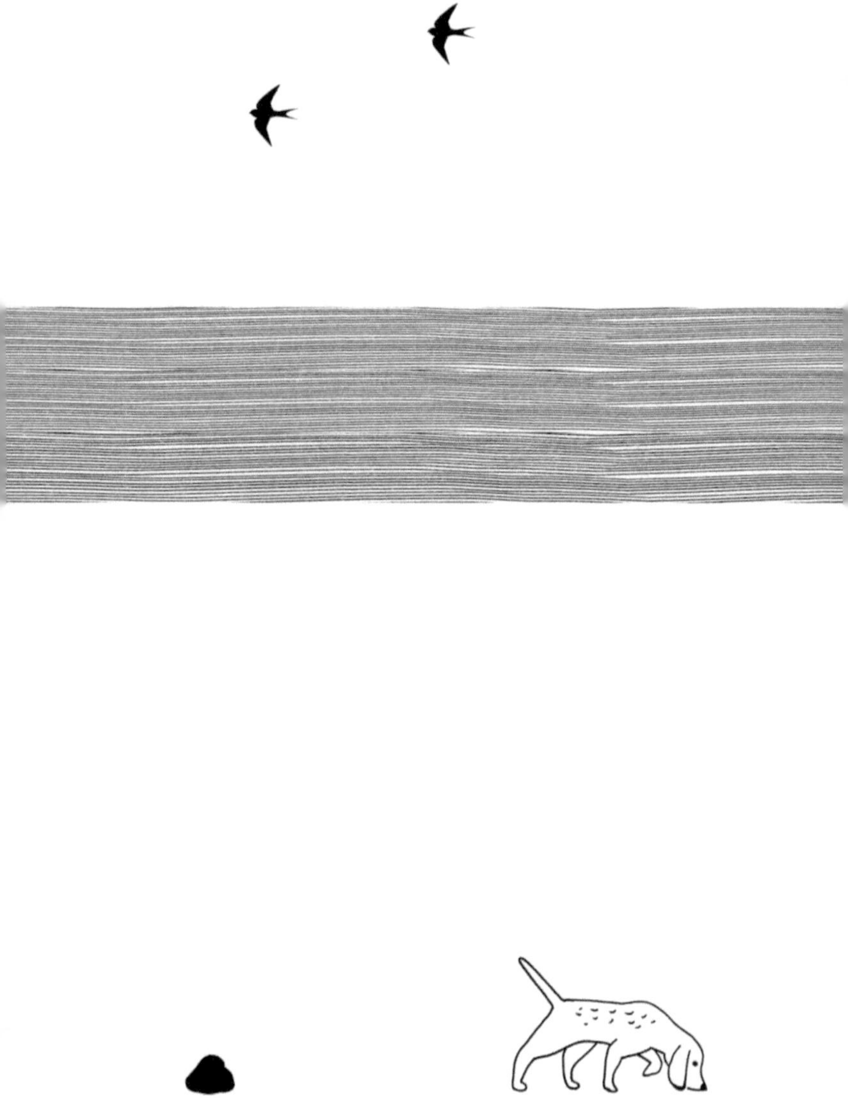

Strandscheiß

Der Strandscheiß gehört eindeutig zu den unschönen Gefühlen. Zugrunde liegt ein Faktum, das hier nicht detailliert, in allen abstoßenden Einzelheiten erklärt werden muss. Die Emotion, die das Erlebnis auslöst, wird ökonomischerweise ebenfalls mit Strandscheiß bezeichnet. Wenn eine Person schreckensbleich vom Meeresufer zurückkommt, gefragt wird, in welcher seelischen Verfassung sie sich befinde, und dann nur noch das Wort „Strandscheiß" röcheln kann, ist alles klar. Man drückt sein Bedauern aus, sucht aber die Distanz zu dem emotional schwer gestörten Menschen.

Ob man bei der Begegnung Schuhe trägt oder nicht, ist im Prinzip egal – eine bodenlose Sauerei ist es in beiden Fällen! Der Betroffene kann die Drecksache dadurch abzumildern versuchen, dass er sich die Frage vorlegt, wer der Urheber der Anstößigkeit ist, ob Hund, Möwe oder, horribile dictu, Mitmensch. Das Problem wird quasi von einer niederen, materiellen Ebene auf eine wissenschaftliche oder gar philosophische Ebene gehoben. Aber so etwas kann nur als Ablenkungsmanöver dienen – der Verstand wird die Nase nicht überzeugen. Eine Sauerei ist eine Sauerei ist eine Sauerei. Eigentlich hat diese deprimierende Emotion in unserem schönen Bouquet erhabener Gefühle nichts verloren. Sie wird hier nur der Vollständigkeit halber aufgeführt.

Trampeln

Na, na, Herr B., jetzt wollen Sie uns aber vergackeiern! Trampeln ist doch wohl das grobe Gegenstück zu den feinen inneren Gefühlen! Nicht doch. Stellen Sie sich vor, Sie seien ein Elefant und trampeln sich einen Weg durch ein störrisches Dickicht. Was empfindet wohl der Elefant? Zufriedenheit, Stolz. Zu Recht. Er darf sich mit dem Rüssel auf die Schulter klopfen und sich an einem Strauß positiver Gefühle erfreuen. Da lag ein Problem vor ihm, und er hat es entschlossen niedergetrampelt, also gelöst. Ähnliche Situationen gibt es auch im menschlichen Leben. Mit den üblichen Hilfsmitteln kommt man nicht durch, Trampeln jedoch hilft. Das mag manchen primitiv erscheinen, doch der Trampler ist mit sich im Reinen, und nicht selten profitieren andere davon, die sich für Trampeln zu fein sind.

Uff!

Ein Laut der Erleichterung nach Erledigung einer schweren oder als schwer empfundenen Aufgabe, damit verbunden ein entsprechendes angenehmes Gefühl. Wenn zum Beispiel einer den Mount Everest bestiegen hat, sich nun gemütlich hinsetzt und erstmal Brotzeit macht.

Unheimel

Der Unheimel ist eine Gestalt, die man in der Nacht wahrzunehmen glaubt. Sie scheint auf einen zuzukommen, ist dann verschwunden, um an anderer Stelle wieder aufzutauchen. Ob der Unheimel tatsächlich existiert oder nur eine Halluzination ist, lässt sich nicht entscheiden. Auf alle Fälle verbreitet er eine fatale, lähmende Stimmung, die ebenfalls Unheimel genannt wird. Möglicherweise ist auch zuerst die Stimmung da, und die verängstigte Fantasie versucht das Vage, Wabernde, Bedrohliche in einer Figur dingfest zu machen. Jedenfalls ist es eine unschöne, belastende Situation, und man ist froh, wenn der erste Hahn kräht, der Himmel sich langsam erhellt und der Spuk im Wesenlosen versinkt. Manche vom Glauben Abgefallenen haben nach solch einer Erfahrung wieder in den Schoß der Kirche zurückgefunden.

Verkosten

Im Prinzip kann ja alles Ess- und Trinkbare verkostet werden, im Allgemeinen ist jedoch das Verkosten von Wein gemeint, und das bedeutet: Das Glas gegen das Licht halten, die Farbe prüfen, den Wein schwenken, daran riechen, ihn schlürfen, kauen und schließlich mit ernstem Gesicht schlucken. Welche Emotionen dabei ausgelöst werden, lässt sich gar nicht umfassend beschreiben. Eine Ahnung bekommt man, wenn man die fast schon dichterische Analyse eines Weinkenners liest: „Ein rassiger Primitivo: üppig, dicht und mit packendem Aroma. Intensive Noten von dunklen Beeren, ein Hauch von Pfeffer, Tiefe, Volumen und konzentrierte Kraft". Na dann prost!

Hosianna!

Halleluja!

Cool

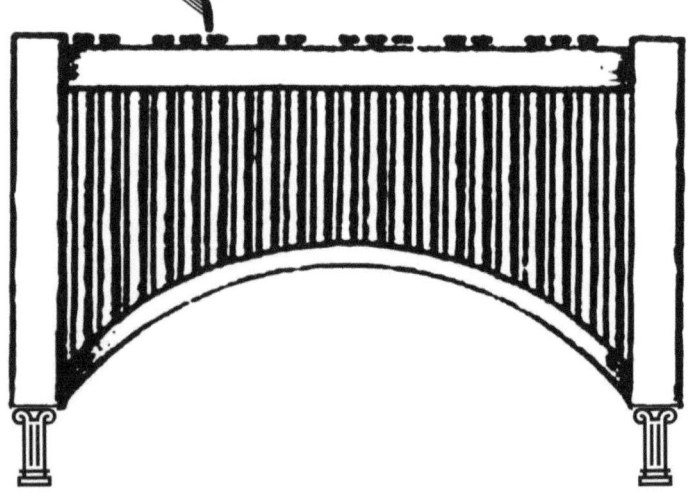

Vibraphonie

Die wohltätige Emotion, die sich beim Spielen des Vibraphons ergibt. Natürlich sind auch mit anderen Musikinstrumenten schöne Gefühle verbunden, aber das Vibraphon ist schon etwas Besonderes. Dank seiner raffinierten Technik kann man esoterische, zauberhafte Klänge erzeugen. Die ausschwingenden, verhallenden, sich zu Akkorden verbindenden Töne scheinen aus einer anderen, überirdischen Welt zu kommen. Auch ein Amateur mit beschränkter Spielfertigkeit kann eine Klangmagie schaffen, die ihn gleichsam in andere Sphären entschweben lässt. Vermutlich spielen die Engel neben der traditionellen Harfe auch Vibraphon. Stellen Sie sich vor: Tausend Engel, die gleichzeitig Vibraphon spielen (elektrische Energie steht im Himmel ja reichlich zur Verfügung) - die Stimmung muss einfach paradiesisch sein…

Vorahnung

Die Gabe der Vorahnung ist nicht gleichmäßig verteilt. Es gibt Spezialisten, also besonders sensible Naturen (Sensibelchen), die diesbezüglich ein reiches Innenleben haben. Eine Vorahnung jagt die nächste. Doch wie ist die Erfolgsquote? Erweisen sich die Vorahnungen als zutreffend? Nun, das ist unterschiedlich. Das eine Mal kommt es so, wie es einem geschwant hat, das andere Mal nicht. Mit anderen Worten: Ohne Vorahnungen lebt es sich genauso gut, wenn auch – emotional gesehen – etwas ärmer.

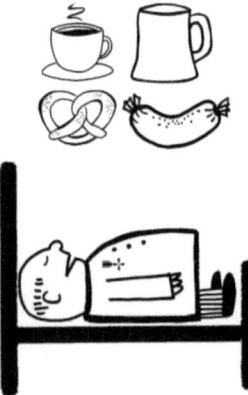

Vorfreude

Die wahre Freude sei die Vorfreude, heißt es. Wer also mit seinen Vorfreuden geschickt umgeht, kann als Lebenskünstler gelten und wird von einfacheren Naturen, die das nicht schaffen, glühend beneidet. Dabei ist die Sache doch einfach. Wenn man aufsteht, setzt sofort die erste Vorfreude ein: die auf das Frühstück. Okay, dann gibt es eine kleine Delle, weil man zur Arbeitsstelle muss. Aber bald schon beginnt die Vorfreude auf das Mittagessen. Nach dieser Mahlzeit gibt es erneut eine Phase der Unlust, denn ein voller Bauch studiert und arbeitet nicht gern, er würde sich am liebsten nur mit sich selbst beschäftigen. Diese kleine Durststrecke muss man überwinden. Doch dann verbreitet schon wieder die Vorfreude auf die Kaffeepause einen schönen inneren Glanz. Jetzt kommt die Vorfreude auf das Abendessen, danach die Vorfreude auf die wohlverdiente Bettruhe. Allerdings haben manche den Eindruck, dass sie vor lauter Vorfreuden gar nicht zum eigentlichen Leben kommen. Und am Ende fragen sie sich: War das alles?

Wandschmeiß

Der Wunsch, ein Objekt gegen eine Wand oder auf den Boden zu schmeißen, und die Befriedigung, wenn das Ding in tausend Stücke zerfällt. Im klassischen Fall handelt es sich um eine Vase oder einen Teller. Es ist ein symbolischer Akt, wie es ihn schon in Urzeiten (vor Erfindung der Keramik) gegeben hat, als er noch im magischen Denken verankert war. Damals pflegte man frenetisch mit einem Knochen gegen die Höhlenwand zu schlagen, bis er zersplitterte.

Der Wandschmeiß tut gut, ist also, zunächst jedenfalls, eine positive Emotion. Der Tat folgt ein Gefühl der Erleichterung. Man hat die schöne Vision, so wie hier könnte man auch anderswo Probleme angehen. Zumindest könnte man ein großes Problem dadurch lösen, dass man es in viele kleinere Probleme zerdeppert (die sich, so hofft man, mit Gottes Hilfe von alleine verläppern).

In manchen Fällen kann sich aber hinterher auch ein Gefühl der Reue einstellen und der (vergebliche) Wunsch, das Ganze ungeschehen zu machen. Man möchte die Bruchstücke wieder zusammenfegen oder sogar zusammenkleben. Da aber im Allgemeinen weder Feger noch Klebstoff zur Hand sind, verliert sich dieses dumme Gefühl wieder, und es bleibt ein warmer, freundlicher Nachhall.

Sosehr der Wandschmeiß also dem Wandschmeißer guttut –
für einen anderen, nämlich einen Zeugen der spontanen Tat, ist
es eher ein negatives Gefühl. Besonders, wenn das zerdepperte
Ding sein Eigentum gewesen ist. Er ist zwar immer noch Ei-
gentümer, allerdings nur der eines Scherbenhaufens.

Gelegentlich jedoch fühlt sich der zunächst passive Betrach-
ter angespornt, sich ebenfalls dem Wandschmeiß hinzugeben.
Ja, es kann sogar zu einer Kettenreaktion kommen, zu einer
Wandschmeißorgie, die als gemeinschaftsstiftende Handlung,
als „Große Befreiung" empfunden wird – wovon ist meist nicht
klar. Das passiert zum Glück sehr selten. Wenn aber, dann ist
der Schaden enorm.

Summa summarum ist der Wandschmeiß also ein ambivalen-
tes Gefühl. Zu den Tugenden wird man ihn nicht rechnen können. Abschließend ist noch zu vermerken, dass von manchen
der Wandschmeiß mit dem > Strandscheiß verwechselt wird,
wahrscheinlich weil er sich so schön reimt. Das jedoch sind
eindeutig zwei Paar Stiefel, die man nicht zusammen in einen
Topf werfen sollte!

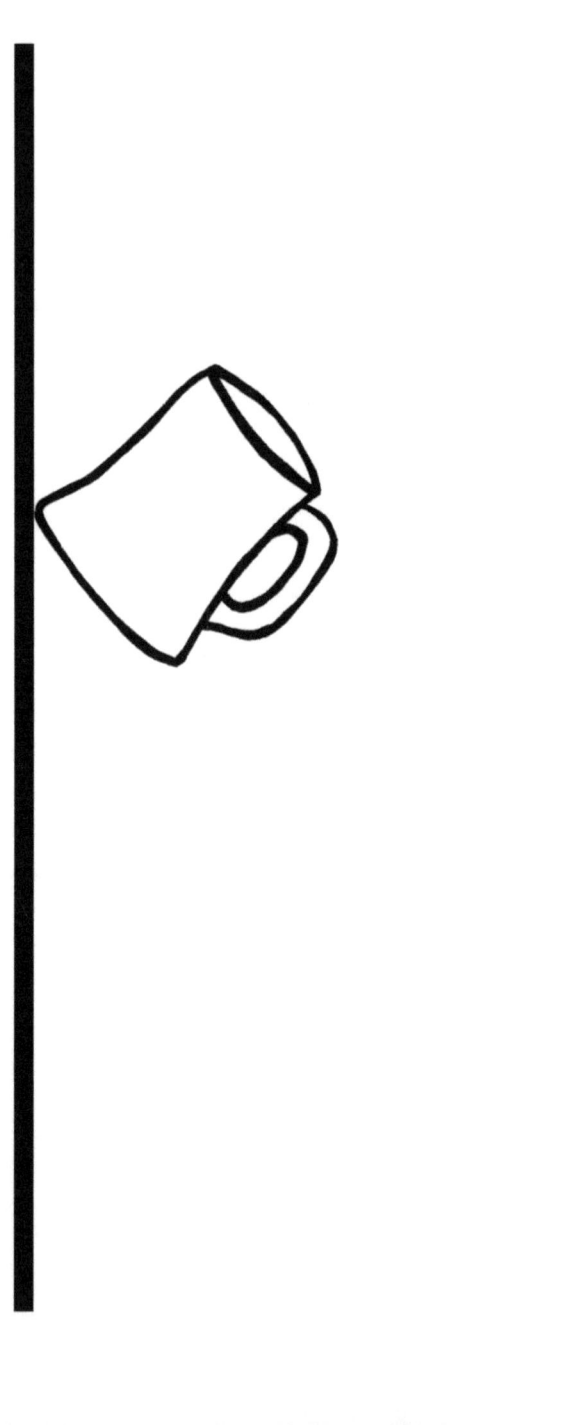

Wartedös

Der Wartedös nimmt von einem Besitz, wenn man in einer Warteschlange steht und ein Ende der unbefriedigenden Situation nicht abzusehen ist. Hitzige Naturen laufen Amok, verzweifelte Japaner sollen schon Harakiri begangen haben. Einfachere Menschen wie du und ich finden sich mit ihrem Schicksal ab und gleiten ab in einen Zustand zwischen Leben und Tod. Sie dösen und dösen wie eine vierhundertjährige Schildkröte, die gelegentlich ein Auge aufmacht, um zu sehen, ob was los ist. Meist ist nichts los.

Hat man sich sozusagen im Wartedös eingerichtet, kann es einen unangenehmen Schock bedeuten, wenn sich das erstarrte Weltengetriebe wieder knirschend in Bewegung setzt. Manche ziehen es vor, den Wartedös zum Grundmodus ihres Lebens zu machen und sich mit kargem Bürgergeld über Wasser zu halten. Wenn man Reinkarnationen für möglich hält, waren diese Lebenskünstler in ihrem früheren Leben schon einmal Schildkröten – dann tun sie sich jetzt natürlich leichter.

X

Das X-Gefühl (nicht zu verwechseln mit dem Nachrichten-
dienst X, vormals Twitter). Es ist schwer zu beschreiben, da
noch alles offen und nicht festgelegt ist. Wie beim x in alge-
braischen Gleichungen, ist es zunächst eine Leerstelle – die es
mit Inhalt zu füllen gilt. Das kann etwa ein noch nicht entdeck-
tes Gefühl sein, was aber sehr selten ist. Doch wenn ein Ethno-
loge beispielsweise im Amazonas-Urwald auf Indios stößt, die
noch nie einen Weißen gesehen haben, fällt vielleicht ein neues
Gefühl ab, mit dem entsprechenden Wort in der Indiosprache.
Vielleicht ist es das Wort für den Ärger, den Frust und die
Furcht, sich lächerlich gemacht zu haben, wenn man sich ver-
sehentlich mit dem Blasrohr selbst ins Knie geschossen hat.
Natürlich können wir Abendländer so ein Gefühl nicht nachvollziehen. Wir haben auch kein Wort dafür, und das ist gut so.

Yo-Yo

Mit dem Aufkommen des Smartphones ist manches schöne Spielzeug in Vergessenheit geraten. Schade, denn damit sind auch beglückende emotionale Dimensionen entschwunden. Für die Jüngeren unter uns: Yo-Yo sind zwei in der Mitte verbundene Scheiben, die man an einer Schnur auf- und absteigen lassen kann. Dabei gerät man in eine meditative, philosophische Stimmung. Man fühlt sich an das Auf und Ab des Lebens erinnert: „Mal geht's rauf – mal geht's runter", wie es in einem tiefsinnigen Lied von Rex Gildo heißt. Gelassenheit breitet sich aus, man sieht die Dinge nicht mehr so eng und fühlt sich der allumfassenden Weisheit schon sehr nahe…

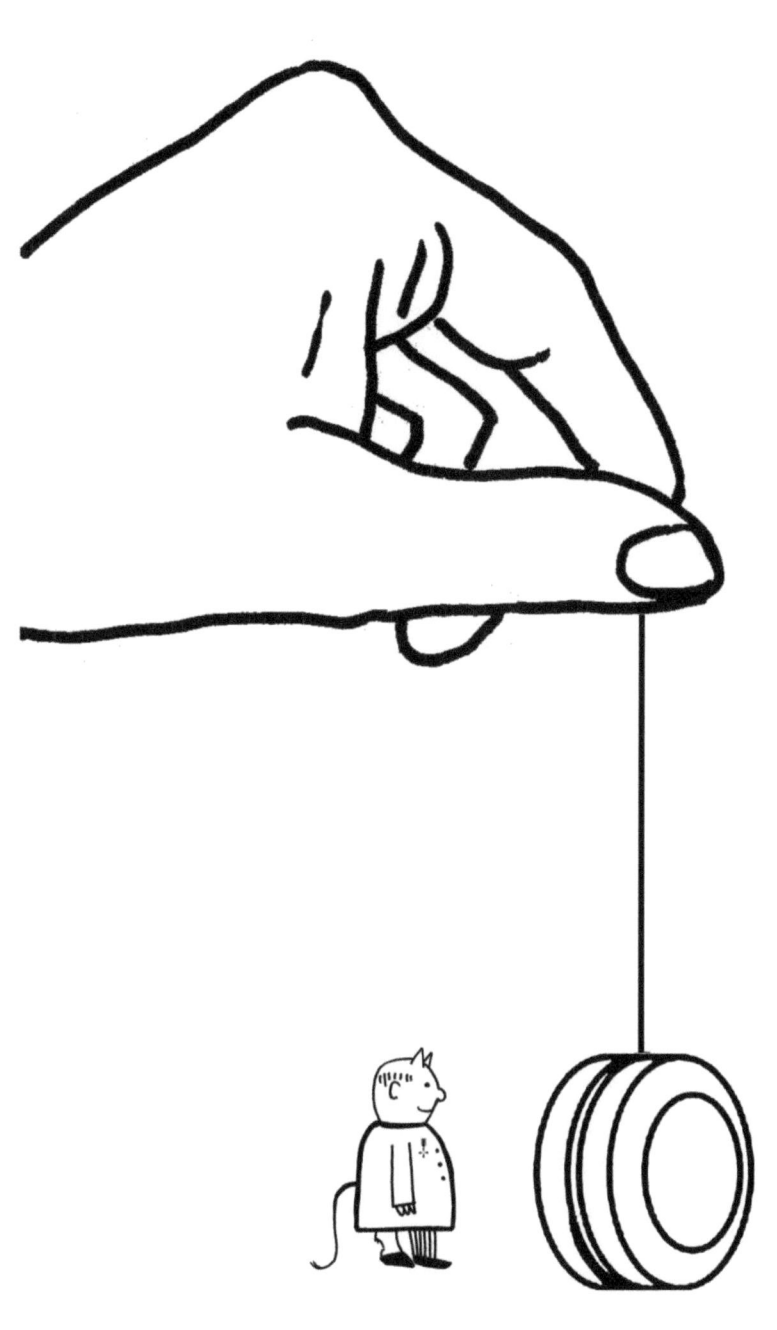

Zu spät

Ein fatales, deprimierendes Gefühl. In früheren, einfacheren Zeiten hätte man spontan an den Zug gedacht, dessen Abfahrt man verpasst hat – der nächste kommt in sechs Stunden! Heutzutage ist das kein Thema. Züge kommen und gehen nach dem unerforschlichen Ratschluss einer mysteriösen, kafkaesken höheren Instanz. Als Fahrgast ist man meist zu spät dran oder zu früh (man kann es der Bahn nie recht machen) und muss die Zeit im > Wartedös verbringen. Das Zu-spät-Gefühl wird deswegen nicht aussterben, beklemmende Situationen gibt es mehr als genug: Prüfungstermin, Vorstellungsgespräch, Dating, Schnäppchen-Angebot usw. Wir erinnern uns an die düsteren Worte von Michail Gorbatschow: „Wer zu spät kommt, den bestraft das Leben." Vielleicht erwischt einen dieses Schicksal sogar, wenn man nach vielen irdischen Zu-spät-Erlebnissen und damit verbundenen Depressionen erwartungsvoll an die Himmelspforte klopft…

Mein Gott!
Der Fünf-Uhr-Zug!
Den hatte ich doch
glatt vergessen!

edition imme

Wolfgang Brenneisen
15 moderne Gedichte
im kleinen roten Buch
Books on Demand, Norderstedt
ISBN 9783756211791

Wolfgang Brenneisen
Ein Klacks Kunst
Books on Demand, Norderstedt
ISBN 9783756274000

Wolfgang Brenneisen
Architektur Grunz Wissen
Books on Demand, Norderstedt
ISBN 9783755798880

Wolfgang Brenneisen
24 schöne Postkarten
Books on Demand, Norderstedt
ISBN 9783755741435